L43
Lb
92

La Corvette française la Bayonnoise de 24 Canons de
8, prend à l'abordage la fregatte Anglaise ambuscade de
26 Canons de 16 et 10 de 8, le 24 frimaire An 7.

On verra se renouveller ces prodiges quand on permettra à la
Marine de sortir des rades ou on la retient.

AURONS-NOUS LA PAIX?

NE L'AURONS-NOUS PAS?

EST-IL POSSIBLE DE LA FAIRE AVEC L'ANGLETERRE?

A PARIS,

Chez tous les marchands de nouveautés.

AN VIII.

AURONS-NOUS LA PAIX?

NE L'AURONS-NOUS PAS?

EST-IL POSSIBLE DE LA FAIRE AVEC L'ANGLETERRE?

LA Paix! La Paix! Tel est le vœu, tel est même le besoin de tous les cœurs. C'est le cri général de toute l'Europe: c'est celui de l'un et l'autre hémisphère.

Encore quelques mois, et nous allons, dit-on, avoir cette Paix tant desirée. L'Empereur et l'Empire sont aux abois: si les Russes, lassés de prodiguer leur sang pour servir la perfide ambition des ministres de l'Angleterre, sont retournés, avec empressement, montrer à leur souverain les tristes restes de leurs phalanges, prétendues invincibles, le peuple anglais, fatigué de les entretenir aux dépens de sa propre existence, ne les a pas vu, avec moins de plaisir, s'éloigner de la Tamise.

La Porte, reconnoissant enfin le piége tendu à sa bonne foi, rejette au loin la monstrueuse alliance dont elle alloit être la victime, et l'Angleterre, ainsi abandonnée à ses propres forces, sera la première à demander la paix.

Tels sont les discours que tiennent, dans tous les cercles, les stipendiés de M. Pitt, telle est leur tactique dans toute la France, à Paris, aux portes-mêmes du Gouvernement.

N'y croyez pas plus longtems, Français trop confians, ne comptez pas sur la paix avec l'Angleterre, avant d'avoir appésanti sur elle ce bras vengeur qui vient de déconcerter encore une fois la coalition, dont elle est la cheville ouvrière. Il est possible que la défection de ses alliés l'engage à vous parler de paix; il est possible que le Ministre Roi qui la gouverne, lui fasse tenir ce langage ; mais c'est un voile trompeur dont elle a déjà fait usage pour couvrir ses perfides projets et en assurer le succès. C'est le masque dont elle veut encore abuser tous les peuples en leur manifestant des intentions pacifiques. C'est pour avoir le loisir de multiplier les poignards dont chaque jour encore elle arme les Français contre les Français-mêmes.

Quelle paix en effet peut-elle faire avec vous, quand toutes vos colonies sont entre ses mains; quand elle possède toutes les colonies bataves; quand elle a à son pouvoir deux îles, si essentielles, de l'Espagne votre alliée; quand ses ports sont remplis de vos vaisseaux que la trahison ou l'ineptie lui ont livrés?

Quelle paix peut-elle faire avec vous, quand, forte de l'inaction à laquelle les besoins de l'armée de terre ont réduit votre marine, elle fait à elle seule tout le commerce de l'Univers, quand elle seule fournit le nord et le midi des productions qui lui arrivent journellement des deux mondes avec une abondance à laquelle rien ne sauroit se comparer, si ce n'est l'impudente sécurité de cette navigation?

Quelle Paix peut-elle faire avec vous, quand elle vient d'ajouter à ses ressources dans l'Inde, tous les trésors de l'Indostan? Croyez-vous qu'elle consente à rendre vos colonies ainsi que celles de vos alliés? Ne voudra-t-elle pas conserver le fruit de ses rapines et de sa perfidie?

Telles sont, n'en doutez pas, ses prétentions; vous en avez déjà eu la preuve dans les conférences ouvertes à Paris et à Lille sous le spécieux prétexte de traiter de la paix. Vous les retrouverez encore dans toutes ses négociations ; pendant que vous la laisserez jouir impunément de ses forfaits, tandis que vous ne la forcerez pas d'y mettre un terme, en faisant reprendre à notre marine cette attitude imposante qui lui avoit si justement mérité le titre de rivale de la marine anglaise. De toutes les marines de l'Europe, la nôtre étoit la seule qui pût, au jugement même de toutes les autres, soutenir ce parallèle. Quatre-vingt-quatre vaisseaux de guerre, quatre-vingt-sept frégates, des corvettes sans nombre, des magasins bien approvisionnés, d'excellens matelots, des canonniers les meilleurs de l'Europe, un corps d'officiers qui, dans chacun de ses grades, avoit des sujets du plus grand mérité, une pépinière d'élèves déjà bien instruits, et dont le germe du talent, gêné sous le poids de la morgue et des prétentions de l'ancienne marine, ne pouvoit que féconder sous le règne de la Liberté.

Telle étoit encore notre position en 1792, quand l'anarchie et le vandalisme, exerçant dans toute la France leurs fureurs et leurs ravages, ont porté à notre marine des coups tellement sensibles, qu'elle s'en ressent et s'en ressentira encore longtems.

Mais pourquoi rappeler des souvenirs aussi déchirans, pourquoi rouvrir des plaies encore mal fermées. Eclairés maintenant par le flambeau de l'expérience, nous n'en marcherons qu'avec plus d'assurance, nous éviterons bien plus sûrement les écueils sur lesquels nous avons déja fait naufrage. Si notre marine n'est point ce qu'elle étoit en 1792, sa situation n'est cependant pas tellement désespérée qu'elle ne puisse, dans trois-mois, se montrer avec avantage, étonner encore une fois l'Angleterre et forcer à la paix ce Gouvernement atroce.

Mais comment l'y obliger ? comment l'atteindre ? Elle a cent quatre-vingt vaisseaux de guerre ; son commerce embrasse l'Univers ; toutes les colonies sont à elle, et leurs denrées, qui arrivent journellement dans ses ports, ajoutent encore à ses moyens de nous faire la guerre.

Comment l'atteindre, disent ses amis stipendiés pour propager à Paris ce principe perfide que les premières autorités mêmes semblent quelquefois être tentées de croire, à force de se l'entendre répéter ?

Comment l'atteindre ? Vous le demandez,

hommes atroces, et vous savez que les marines française, espagnole et batave ont, dans l'inaction, cent soixante-trois vaisseaux de guerre dont le nombre peut être encore considérablement augmenté sous trois mois, par les constructions commencées.

Comment l'atteindre? quand la France seule a à sa disposition soixante-deux frégates et cent dix - neuf corvettes qui, réparties en divisions de quatre et cinq bâtimens, rempliront, dans moins de trois mois, nos ports de ces navires marchands dont vous dites vous - mêmes que l'Angleterre couvre les mers.

Voilà le premier de tous les coups à lui porter, voilà le premier pas vers la paix, mais il faut se hâter de le faire.

Si la marine anglaise est riche de cent quatre-vingt vaisseaux de guerre, n'avons-nous pas la certitude acquise qu'elle n'a jamais pu en armer que quatre - vingt - quatre, et encore comment le sont-ils? avec des ouvriers de toute espèce, enlevés de force dans les tavernes de Londres, et jetés à bord des vaisseaux. Voyez leurs escadres, dans la Manche et dans la mer du nord, elles sont forcées d'y faire tous les jours la presse pour completter leurs équipages. Voyez les bâtimens anglais dans toutes les mers, ils ne remplacent leur perte d'hommes que par la violence qu'ils exercent sur tous les neutres, après avoir essayé de les séduire par l'attrait de l'or et des récompenses.

Le grand nombre de ses vaisseaux ne donne donc à l'Angleterre d'autre avantage sur nous que celui d'avoir des vaisseaux de rechange, à bord desquels, en cas d'avarie majeure, on fait passer en entier l'équipage des vaisseaux avariés.

S'il lui avoit été possible d'en mettre à la mer un plus grand nombre, elle n'auroit pas balancé à le faire quand on a osé faire partir de Brest vingt-quatre vaisseaux français en floréal an 7. Ils sont allés à Toulon, à Cadix, à Gênes et revenus à Brest, sans que l'Angleterre, avec ses cent quatre-vingt vaisseaux ait pu s'y opposer; c'étoit cependant pour elle une belle occasion de s'emparer de ce que ses amis vouloient bien appeler les restes de la marine française, quoique nous eussions encore un même nombre de vaisseaux en armement ou en radoub et quatorze en construction.

Au lieu de ce triomphe, si facile pour l'Angleterre si elle avoit pu armer quelques vaisseaux de plus, n'est-il pas au contraire bien évidemment reconnu qu'elle perdoit tout ce qu'elle avoit à cette époque dans la Méditérannée, ainsi que tous ceux de ses alliés, Turcs, Napolitains, Portugais et Russes, si l'escadre espagnole avoit rejoint la nôtre seulement huit jours plus tôt. Notre armée combinée, forte de quarante-six vaisseaux, s'emparoit, sans coup férir, des escadres ou divisions ennemies mouillées avec la plus grande sécurité à Naples, Palerme, Messine, Yvice et Malthe.

L'Angleterre frémit encore du danger qu'elle a couru alors ; mais si un hasard de cette nature, et sur lequel on auroit dû passer moins légèrement, si ce hasard, dis-je, a pu lui parer le coup terrible qu'elle alloit recevoir malgré la supériorité de ses forces, n'a-t-il pas fallu une fatalité aussi funeste pour que nous n'ayons ni ministre, ni amirauté à l'instant où cette même armée combinée est sorti de la Méditérannée. Au lieu de la faire revenir à Brest se consumer dans l'inaction, les vœux de tous les marins l'appeloient au Texel, où l'escadre batave étoit bloquée par dix - sept vaisseaux anglais ; la fuite la plus prompte pouvoit seule soustraire ces derniers à une perte aussi évidente et, en supposant même qu'ils y eussent échappés, le but essentiel n'en étoit pas moins rempli. On sauvoit l'escadre batave qui, au lieu d'être actuellement en Angleterre, augmenteroit nos forces navales à Brest. Cette armée combinée, forte de trente-un vaisseaux français, vingt espagnols et quatorze hollandais, auroit pris, chemin faisant, ou fait jeter à la côte les bâtimens de guerre et les transports alors en rade, des dunes où ils se réunissoient pour la fameuse expédition de Hollande.

Voilà donc deux occasions bien récentes, où l'Angleterre, malgré ses cent quatre-vingt vaisseaux de guerre, recevoit deux échecs tellement sensibles, qu'indubitablement ils la forçoient à la paix ; car aussitôt ces coups portés, toutes nos escadres auroient couvert les mers de divisions auxquelles il est évidemment impossible qu'il eût échappé un seul bâtiment de guerre ou de commerce.

Si le premier coup d'œil de notre Gouvernement sur la marine à été susceptible de produire de pareils effets, que ne peut-on pas conclure de ceux qui les suivront, quand on donnera l'essor au courage et aux lumières des hommes qui ont embrassé cette pénible carrière?

Qu'on ne dise donc pas que les moyens nous manquent pour atteindre l'Angleterre; il ne s'agit que de faire pour la marine ce qu'on a fait pour l'armée de terre depuis la révolution.

L'impossibilité de satisfaire à l'énormité des besoins des armées de terre et de mer, a nécessité d'en sacrifier une, et la république, au moment d'être envahie par une coalition perfide, n'avoit pas à balancer. Il a fallu pour ainsi dire oublier la marine, et ce qu'on a pu faire pour elle, dans son état de foiblesse, ne lui permettant pas de grandes entreprises, a suffi à peine pour empêcher sa destruction totale, principal but de toutes les opérations de l'Angleterre.

Mais l'instant est venu où la marine doit fixer plus particulièrement les regards du Gouvernement. L'exécution aussi prompte que hardie du plan le plus ingénieux, vient de nous rendre encore une fois maîtres de l'Italie; nous n'avons pas plus à redouter le délire de l'Empereur du nord que la rage impuissante de l'ambitieuse Maison d'Autriche. C'est sur l'Angleterre que doivent désormais se diriger tous nos coups. Il est temps de venger l'Univers qu'elle couvre de deuil et de larmes : cette tâche n'est pas aussi pénible que ses stipendiés en France s'efforcent de le répandre : plus cette puissance est colossale , plus sa base a de points dont l'attaque, combinée avec intelligence, entraînera leur défection , et par conséquent l'écroulement de tout ce monstrueux édifice.

L'armée de terre doit être lasse de conquêtes, elle succombe sous le poids de ses lauriers. Que feroit de plus pour nous la conquête du reste de l'Allemagne et de l'Italie ? Les Alpes et le Rhin ne sont-ils pas des barrières insurmontables pour nos ennemis ? l'art n'a-t-il pas joint à ces boulevards de la nature les chefs-d'œuvre que nous offrent Mayence , Luxembourg et tant d'autres villes de guerre qui , de tous côtés , cernent les frontières de la République et garantissent sa sûreté. Après tant de triomphes , tant de victoires, n'avons-nous pas toujours à faire ce que, par une fatalité inconcevable, on a toujours différé d'entreprendre? Nos ports ne sont-ils pas fermés? notre commerce maritime n'est-il pas entièrement détruit ?.

Interrogez Bordeaux , Marseille , Nantes,

Dunkerque , Rouen, etc., voyez-y des milliers d'ouvriers qui , de la plus honnête aisance , sont réduits à l'extrême indigence. Voyez - y ces maisons de commerce , jadis l'espoir et le soutien de toutes ces familles désolées , et aujourd'hui privées elles - mêmes du nécessaire.

Ce n'est pas seulement dans les ports que vous trouverez ces spectacles déchirans ; jetez les yeux sur les manufactures de Lyon, Amiens, Caen , Lille , etc., vous y verrez également ces tristes métamorphoses, l'ouvrage de la perfidie du cabinet britannique.

C'est l'Angleterre qui , depuis dix ans, agite l'Univers , pour s'enrichir de ses dépouilles ; c'est elle qui, depuis dix ans, y dirige tant de meurtres et d'incendies. Toutes les autres nations sont épuisées ; elle seule jouit impunément du fruit de ses forfaits, parce que son Ministre Roi , ne redoutant d'autre marine que la nôtre, à grand soin de nous susciter quelque guerre continentales. C'est ainsi qu'il nous oblige à consommer ailleurs nos finances, à occuper ailleurs nos armées que nous dirigerions sur l'Angleterre même. Il a grand soin de faire briller à nos yeux quelques conquêtes séduisantes au pre-

mier coup d'œil, et par une suite de son infer-
nale politique, l'Angleterre se faisant un jeu de
sacrifier ses alliés, détourne ainsi les coups qui
la menaceroient elle-même. Serons-nous encore
plus longtems les dupes de ce système machiavélique, Français trop confians? Non sans
doute.

Que notre armée de terre se repose donc;
mais que son repos soit celui du lion dont le
sommeil même imprime l'épouvante et la terreur.

Que l'Angleterre seule ait à redouter ce réveil
menaçant, et nous la verrons bientôt demander
bassement cette paix dont elle ne parleroit aujourd'hui que pour nous assassiner plus sûrement.

Si on ne peut, sans gémir, se rappeler la folie
de ces sauvages du Canada qui, pour avoir plus
facilement les fruits d'un arbre, coupent cet
arbre même à sa racine.

Notre conduite, diamétralement opposée à
la leur, est-elle plus sage? quand, pouvant
arrêter les maux sans nombre que cause à toute
la terre l'ombrage seul d'un arbre malfaisant,
nous nous contentons d'en couper les branches.

l'année suivante les voit repousser et croître avec d'autant plus de force, que leur tronc a reçu plus de séve de ses racines que nous avons négligé de couper, quoique bien plus faciles à atteindre que les branches mêmes.

Nous avons donc tous les ans même travail, même peines que nous nous fussions épargnés si, dès la première fois, nous avions attaqué les racines, au lieu de nous arrêter aux branches.

Ce tableau, considéré politiquement, ne représente-t-il pas bien fidèlement notre conduite envers l'Angleterre et la coalition dont elle est l'ame et le soutien.

N'est-ce pas elle qui soudoye l'Allemagne et la Russie ? N'est-ce pas elle qui a fait prendre les armes à la Porte et au Portugal ? N'est-ce pas elle qui fomente tous les troubles, qui agite l'intérieur de la République ? N'est-ce pas sa main, d'abord invisible, qui a porté le fer et le feu dans toutes nos colonies ? N'est-ce pas son or qui a payé les ports et les vaisseaux qu'elle n'auroit jamais dû à la force de ses armes ?

Eh bien ! nous la laissons jouir impunément du fruit de tous ces crimes et après lui avoir fait un instant des menaces de descente qui avoient

déjà

déjà jeté l'épouvante et la terreur dans ses trois royaumes. Nous avons 'préféré diriger nos coups sur de nouveaux ennemis qu'elle a eu la perfide adresse de nous susciter. A quoi nous ont conduit toutes ces victoires payées par le sang de tant de Français? Que nous en résulteroit-il encore en y ajoutant de nouveaux lauriers? N'avons - nous pas toujours les mêmes obstacles à vaincre pour arriver à cette paix si généralement desirée? Ne sera-t-il pas toujours là pour s'y opposer, ce Gouvernement aussi atroce que perfide qui, contemplant froidement les torrens de sang qu'il fait répandre, n'a d'autre but, d'autre dessein que le meurtre et le carnage des Français? C'est sur les ruines de ce peuple, dont il redoute l'énergie et le courage, qu'il est ambitieux de régner. Armer la France contre la France même, couvrir son sol des cadavres sanglans de ces hommes mêmes qui y reçurent le jour, voilà le but de tous les crimes, de tous les forfaits dont l'Angleterre a fait l'essai à Toulon, à Quiberon, dans l'un et l'autre hémisphère, partout où elle a pu les croire utiles à ses abominables projets. Se partager la France avec les Empereurs d'Allemagne et de Russie, y conserver un simulacre de Monarque dans quelques provinces de l'intérieur, c'étoit

B

et c'est encore la machiavélique ambition du Gouvernement anglais.

En s'assurant ainsi pour toujours le sceptre des mers, il est aisé de voir l'extension sans bornes qu'elle donneroit à son commerce qui embrasseroit l'Univers. Telle est au contraire la perspective du nôtre, si, déployant enfin nos forces navales, nous obligeons l'Angleterre à s'occuper de sa propre sûreté, en la menaçant de lui faire éprouver à son tour ce que peut la République française quand, après avoir lassé sa clémence, ses ennemis la forcent d'appésantir sur eux ce bras vengeur qu'elle n'arma jamais impunément.

Hâtons-nous donc d'achever les constructions ordonnées. Nos ports et nos rivières regorgent de bois qui n'attendent que la main de l'ouvrier. Hâtons-nous de couvrir la mer de nos divisions de frégates et de corvettes. Rappelous-nous qu'une semblable mesure a fait entrer dans nos ports pour plus de deux cents millions de prises en trois mois. Croyons qu'elle n'auroit pas aujourd'hui des résultats moins heureux; croyons même qu'elle y ramèneroit infailliblement les dépouilles de Surinam et de Seringapatnam dont l'orgueilleuse Angleterre se vante déjà d'enrichir son commerce.

S'il est arrivé plusieurs fois qu'une seule de nos frégates ait pris soixante, quatre-vingt bâtimens et même plus dans une croisière de 15 jours, que ne doit-on pas attendre de plusieurs divisions de frégates dont les mouvemens combinés les mettroit toujours à même de se secourir l'une et l'autre en cas de rencontre de forces supérieures.

Au lieu de laisser nos vaisseaux à Brest dans une inaction si nuisible sous tous les rapports, faisons-les sortir par escadres avec des destinations lointaines. Avons-nous donc oublié que la seule division Richery a fait pour vingt-deux millions de prise?

L'Angleterre ne doit qu'à la trahison le Cap de Bonne-Espérance, Minorque, Surinam ; qu'elle en soit chassée comme elle vient de l'être de la Hollande. Attaquons-là, même dans ses propres colonies; la Barbade, la Jamaïque, la Dominique seront à nous sous peu de mois, si le Gouvernement le veut. Il suffit de s'y présenter avec des forces imposantes. La Jamaïque ne tiendroit pas trois jours contre quinze vaisseaux qui y entreroient à la voile, pendant que dix mille hommes de troupes européennes et autant de troupes de Saint-Domingue y feroient une descente sur deux points différens. Ce poste important est la clef de tout le commerce immense de l'Angleterre en Amérique. C'est là où il faut l'attaquer ; c'est là où il faut prendre Gibraltar. Il n'y a pas de sacrifices qu'elle ne fasse pour qu'on lui rende cette île devenue si nécessaire à son commerce.

La Barbade, la Dominique se rendroient à la première sommation que leur feroit une forte escadre dont l'imposante artillerie, secondée par des troupes de débarquement, menaceroit ces îles d'une destruction totale si elles refusoient de se soumettre.

Le Cap de Bonne-Espérance, pris à revers, seroit enlevé dans quatre jours, et l'escadre que l'Angleterre y entretient seroit également prise ou perdue sans ressource.

Céylan, Pondichery, Madras ne seront-ils pas à nous quand le Gouvernement le voudra ? L'expérience ne nous en est-elle pas garant ?

La plus légère connoissance de toutes ces localités suffit pour prouver incontestablement la vérité de ces assertions, et il en coûteroit bien moins d'hommes et d'argent pour en faire l'essai, que n'en consomme l'armée navale dans

la plus parfaite inaction en rade de Brest, depuis treize mois.

N'a-t-on pas d'ailleurs la certitude que la valeur incalculable des milliers de bâtimens du
commerce, pris dans ces différentes îles, feroient rentrer dans les coffres de la République
le triple au moins de ce qu'elle auroit déboursé
pour ces expéditions ?

Ce n'est qu'en détruisant le commerce de
l'Angleterre, ce n'est que par des compensa-
tions que nous la forcerons à la paix. Jamais
elle ne la voudra de bonne foi, tandis que nous
la laisserons jouir impunément du fruit de ses
rapines et de sa perfidie.

Si, après ces incursions dans ses colonies, si,
après y avoir porté le fer et le feu, après avoir
ravagé son commerce avec nos divisions de
frégattes, il arrivoit, contre l'impossible, qu'elle
fût encore sourde au cri de l'humanité qui lui
demande la paix, si elle ne cédoit pas aux vo-
lontés du peuple anglais même qui la desire depuis longtems ; n'avons-nous pas en main les
élémens de sa ruine ? Faisons-en donc enfin
usage et allons lui prouver que si les Empereurs et les Rois du continent ont été forcé de

baisser leurs têtes orgueilleuses devant la République française, ce n'est pas à des insulaires à lui faire la loi, mais bien à eux à subir celles qu'elle dicte à l'Univers au nom de la nature dont ils foulent aux pieds les droits les plus sacrés.

Après avoir renversé l'édifice colossal de la coalition liguée contre elle, la République française doit à ses alliés, doit à l'Univers, elle se doit à elle-même cet exemple, non de sévérité, mais de justice. Après avoir châtié les souverains dont l'Angleterre achète les hommes avec l'argent même qu'elle retire de leurs domaines, par le commerce qu'elle y fait exclusivement pendant la guerre ; il est de la dignité du peuple français de ne pas faire grace au seul auteur de tous ses maux. Il seroit même impolitique de faire la paix avec un Gouvernement qui, après avoir désolé l'Univers, l'avoir couvert de crimes, et de crimes nouveaux jusqu'à nos jours, voudroit conserver des domaines qui en sont les fruits ; cette scandaleuse impunité seroit d'une conséquence bien dangereuse ; elle seroit d'autant plus fatale à notre commerce, que l'Angleterre, en achetant au poids de l'or les nouvelles colonies que la trahison lui a livrées, a choisi celles qui , plus utiles à son commerce, deviennent d'autant plus nuisibles au nôtre.

Il faut donc , que pour nous et nos alliés, elle se résigne à rendre les colonies *in statu quo ante bellum*, mais que de plus elle nous restitue Terre-Neuve et ses dépendances. La pêche sur ce banc doit être libre à tous, et la République française, en donnant la liberté au monde, n'a pas entendu en excepter ce recoin. Cette navigation fournit d'ailleurs une pépinière d'excellens matelots, et c'est une source intarissable de richesses pour le commerce.

Il faut de plus , qu'en expiation de ses brigandages , l'Angleterre ouvre à la République française ces immenses magasins où sont amoncelées les dépouilles sanglantes des deux Indes dévastées. Le commerce français seroit encore perdu pour dix ans au moins, si notre Gouvernement faisoit la paix sans forcer l'Angleterre à livrer pour quatre cent millions de sucre, café , indigo, poivre, mousseline et en général un assortiment des denrées de l'un et l'autre hémisphère.

Il faut à cette condition, la première à exiger , ajouter les mesures nécessaires à prendre pour empêcher, s'il est possible, qu'aucun ob-

jet, sans exception , provenant des manufactures anglaises , soit introduit en France.

Sans cette double précaution, dictée par la
prudence, il est incontestable que l'Angleterre,
abandonnée de tous ses alliés, consentira à la
paix en gardant Céylan, le Cap de Bonne-Espérance, Minorque et quelques autres bagatelles
de ce genre.

La France seroit bientôt inondée de toutes
les denrées coloniales accumulées en Angleterre, et comment le commerce Français pour-
roit-il soutenir cette concurrence en envoyant
ses bâtimens dans des colonies totalement épuisées et absolument dénuées des objets de première nécessité ?

Comment nos manufactures pourroient-elles
reprendre l'activité que doit leur donner la paix,
si nous trouvons dans les magasins français toutes les marchandises anglaises, dont l'Angleterre
se seroit empressée de se défaire au plus bas
prix, pour remettre en action tant de bras qui
lui demandent du pain ?

Comment faire rentrer en France le numé-
raire que cette spéculation ruineuse en feroit
sortir, puisque l'Angleterre n'a jamais reçu

et ne veut recevoir que nos vins. Toutes nos autres productions y sont tellement prohibées, qu'on ne peut songer à tromper sa surveillance.

Il est donc indispensable de prendre cette précaution avant de faire la paix. Voilà le ton sur lequel il faut parler à cette impudente Angleterre, si l'on veut la forcer à une paix solide; mais il faut lui démontrer, qu'en cas de refus de cet *ultimatum*, nous sommes prêts à l'en faire repentir.

Nous avons déjà à Brest une armée de quarante-sept vaisseaux, dont quinze espagnols. Hâtons-nous de completter leur armement: achevons-y les quatre vaisseaux dont la construction est avancée.

Achevons aussi et armons les huit vaisseaux de l'Orient et de Rochefort. Que les Espagnols nous envoyent du Ferrol les dix vaisseaux qui ont déjà eu l'ordre de se rendre à Brest, et, dans moins de trois mois, cette rade contiendra une brillante armée de soixante neuf vaisseaux auxquels on pourra en joindre encore quatre, qui ont besoin d'un léger radoub.

A cette époque, vingt vaisseaux de guerre,

bataves, seront réunis au Texel avec vingt-deux frégates ou corvettes.

Les ports de Cadix et de Carthagènes peuvent, sous ce tems, composer une armée de 25 vaisseaux ; et certes, ce ne sera point un effort extraordinaire pour la marine espagnole, que d'armer cinquante vaisseaux quand elle en a quatre-vingt et au-delà.

Si on suppose maintenant qu'à ces vingt-cinq vaisseaux de Cadix, l'Espagne ajoute quinze mille hommes de troupes prêtes à s'y embarquer.

Si elle en met six mille sur les dix vaisseaux du Ferrol.

Si l'armée batave a aussi vingt- mille hommes de débarquement ; si, réservant cinquante vaisseaux à Brest avec vingt-cinq mille hommes prêts à s'y embarquer, on expédie douze vaisseaux, avec des troupes, pour une expédition lointaine : si on envoye les sept autres vaisseaux dans les ports de la Manche.

Si on tient, toutes armées, dans ces mêmes ports, les frégates et corvettes portant des canons de dix-huit et de vingt-quatre (elles sont inutiles dans l'armée où elles ne peuvent pas rendre plus de service que les frégates portant des canons de douze).

Si, depuis Flessingue jusqu'à Port - Malo, les côtes sont bordées de quatre - vingt mille hommes destinés à s'embarquer sur trois cents canonnières ou bateaux canonniers déja tous prêts et cinq cents bateaux pêcheurs.

Si l'Irlande, informée de ces armemens formidables, ajoute, par ses mouvemens intérieurs, aux inquiétudes de l'Angleterre, que reste-t-il à faire à ce Gouvernement ? La paix, et bien promptement, pour prévenir sa ruine et sa destruction. S'il étoit possible, qu'assez aveugle ou trop présomptueux, il veuille éprouver les effets de nos menaces, une marée ne suffit-elle pas, à la queue d'un coup de vent de sud - sudest au sud-ouest, pour nous porter en Angleterre malgré tous les efforts réunis de toutes les marines de l'Europe. Serons - nous dupes plus longtems de ce principe évidemment faux, que pour faire, avec certitude de succès une descente en Angleterre, il faut être les maîtres de la mer ; que la prudence exige cette précaution pour assurer le succès d'une descente en Irlande ; en Écosse ou à de semblables distances, à la bonne heure parce que ces distances exigeant nécessairement plusieurs jours pour les parcourir, on est nécessairement exposé au danger d'être rencontré par l'ennemi qui vous attend en forces; mais dans une traversée, ou plutôt un passage comme celui de France en Angleterre, n'est-il pas au moins ridicule de croire au même danger quand, dès l'instant du départ, on voit la côte où l'on va descendre et qu'on peut dater, à une demi - heure près, le moment du débarquement.

Je le demande à ces prétendus amis de la République qui, tout en semblant frémir du moindre péril qui la menace, partagent bien sincèrement avec l'Angleterre la frayeur de voir s'effectuer ce projet qui peut seul nous donner une paix solide, et rétablir l'équilibre dans le commerce maritime de l'Europe.

Je leur demande, dis-je, si les forces navales françaises, espagnoles et bataves sont disposées, comme on le propose ci-dessus. L'Angleterre n'est-elle pas obligée d'y opposer au moins le même nombre de vaisseaux, mais pourra-t-elle en armer cent trente - neuf, quand, de toute la guerre, il ne lui a pas été possible d'en

armer plus de quatre-vingt-quatre, quelqu'effort qu'elle eût fait pour en avoir un plus grand
nombre ?

Cependant vingt-cinq vaisseaux espagnols,
et quinze mille hommes de troupes, au moment de sortir de Cadix, menacent ou Minorque, ou quelqu'une de ses possessions lointaines
qu'elle va perdre, si elle ne la secourt promptement.

L'armée navale batave va porter en Irlande
ou sur un autre point des trois royaumes, les
vingt mille hommes du convoi qui l'accompa-
gnent, n'est-il donc pas essentiel de s'opposer à
sa sortie.

Douze vaisseaux, partant de Brest, aussi
avec des troupes, toutes les colonies anglaises
d'Amérique ne sont-elles pas perdues, si on ne
s'empresse pas de les secourir.

Cinquante vaisseaux et vingt-cinq mille
hommes en rade de Brest vont en sortir . . . . . .
C'est l'Angleterre ou l'Irlande qu'ils menacent.

Sept vaisseaux qui sont à Cherbourg, Can-
cale, Port-Malo, doivent, avec trente-deux fré-

gates du premier rang réparties aussi dans les différens ports de la Manche, traverser ce canal avec huit cents embarcations, armées chacune de vingt avirons au moins, d'une caronnade et d'un ou plusieurs canons de dix - huit ou de vingt - quatre. Chacune de ces embarcations porte cent hommes.

Que peut faire l'Angleterre, quel parti prendre pour arrêter ce torrent dévastateur qui la menace d'une ruine certaine, si ses forces navales se portent devant Brest pour en garder la sortie; nos quatre-vingt mille hommes traversent la Manche et débarquent, on peut dire sans coup férir. Si, au contraire, ses escadres bloquent les côtes garnies de nos troupes de débarquement, nos cinquante vaisseaux, sortant de Brest, portent vingt cinq mille hommes en Irlande qui est enlevée dans huit jours, sans brûler une amorce. Je ne dis rien des opérations militaires qui auroient lieu ultérieurement; on les devine aisément, et leur succès n'est pas plus douteux, que leurs résultats avantageux pour la paix.

Il seroit difficile, pour ne pas dire impossible, que l'Angleterre sorte de ce mauvais pas sans le secours de la paix. La paix seule pourroit l'en

retirer, et pour la lui faire demander promptement, il suffiroit de l'attitude menaçante dont
on vient de voir le tableau. Mais les amis de
l'Angleterre, à Paris, auront toujours grand
soin d'éloigner du Gouvernement toute idée
d'une expédition, la seule que l'on redoute en
Angleterre. Le peuple ainsi que le Gouvernement, le commerce et le rentier, tout y frémit
au seul bruit d'un préparatif de descente. Ils
savent tous, que devant ces phalanges républi-
caines, auxquelles n'ont pu résister ces fa-
meuses légions suisses, prussiennes et alleman-
des, ils savent, dis-je, et l'expérience les a con-
vaincu que leurs bataillons disparoîtroient dès
l'instant même qu'ils auroient la témérité de s'y
présenter. Ils savent bien que leur cavalerie,
superbement montée, ne tiendroit pas même
devant nos conscrits encore au manége, et,
quant à leur artillerie, ils ne doutent pas, et ils
ont éprouvé plus d'une fois, par terre et par
mer, qu'elle étoit la première de l'Europe.

Rien de plus vrai, disent les amis secrets de
l'Angleterre ou les ennemis de la République,
et, certes, s'il y avoit un pont sur la Manche,
nous forcerions bientôt Monsieur Pitt à faire
la paix. S'il y avoit un pont, dites-vous, hom-

mes imbéciles ou traîtres astucieux? N'est-ce pas un pont que huit cents embarcations, portant chacune au moins deux canons ou caronades de dix-huit ou de vingt-quatre, protégées par soixante-dix-sept citadelles flottantes, armées chacune de quatre-vingt à cent vingt pièces de canon.

N'est-ce pas un pont d'autant plus préférable à tout autre, que, changeant de place à la volonté de celui qui le dirige, l'ennemi ne sait où en attendre le défilé?

N'est-ce pas un pont d'un usage avantageux et rassurant, que celui dont chacun des points offre partout, à celui qui l'avoisine, un nouveau moyen de protection et de défense.

Ah! si les ponts de Lodi et d'Arcole n'avoient pas présenté plus de difficultés à vaincre nous n'aurions pas à regretter tant de braves que nous y avons perdu. Ceux qui y ont échappé ne se regarderoient pas comme miraculeusement rendus à une nouvelle existence; il n'auroit pas fallu le génie et le courage qui les dirigeoit pour surmonter des obstacles jusques alors présumés invincibles.

Il est possible, disent ces bons amis de l'An=
gleterre, tout en s'appitoyant sur les intérêts
de la République, il est possible, qu'à la suite
d'un coup de vent qui aura éloigné les escadres
anglaises, il est possible que nos quatre-vingt
mille hommes réussissent à franchir cet espace,
mais nos vaisseaux ne sont - ils pas évidemment compromis ? C'est notre dernière ressource en marine ; ne convient - il pas de la
ménager ? Leur nombre sera peut - être le
même que celui des vaisseaux ennemis; mais
l'Angleterre, reposant uniquement sur ses forces navales, n'épargne rien pour les entretenir dans le plus grand état de vigueur ; ses
généraux, toujours à la mer, ainsi que ses
matelots, ont plus d'expérience que les nôtres;
il ne nous reste plus que fort peu d'officiers de
l'ancienne marine, et dans ce nombre même, il
en est que leur mauvaise santé empêche d'aller
à la mer; quand aux autres qui ne servent que
depuis la Révolution, ils ont encore fort peu
d'expérience dans ce service.

Il y auroit sans doute de la présomption à
croire et à vouloir persuader que dans le corps
actuel de la marine, il n'y a que des officiers
du premier mérite, de ces sujets distingués par

l'étendue de leurs connoissances théoriques,
de cette tactique savante, à laquelle une armée doit souvent ses succès, l'Angleterre même pourroit - elle s'en flatter ? Quelle est l'arme en France qui, à côté de ces génies rares,
que ne produisent pas tous les siècles, ne
laisse pas aussi appercevoir des talens très - or-
dinaires ; mais il n'est pas plus vrai que vrai-
semblable que des officiers manquent d'expérience dans le service militaire de la marine,
quand ils le font depuis huit et dix ans, après
en avoir déjà passé autant et peut-être le double à la mer.

J'en appelle d'ailleurs au témoignage de
soixante mille hommes Français et Espagnols
composant l'armée navale à Brest. J'en appelle à tout le peuple de Gênes, qui a vu,
pendant deux jours, cette armée, faire avec
la plus grande ponctualité, les plus savantes
évolutions. Il n'y a qu'une voix à ce sujet. Jamais on ne vit une armée navale manœuvrer
plus habilement et avec plus d'adresse et de
célérité.

Cependant, la plupart de ces capitaines,
naviguant depuis vingt ans au service du

commerce ou de la Compagnie des Indes, ne sont militaires que depuis la Révolution. A l'expérience du métier de la mer, de la navigation proprement dite, ils ont joint l'étude de la tactique navale, ils l'ont constamment mise en pratique depuis huit et dix ans, et y ont tellement réussi, que, maintenant, ils manœuvrent en escadres, comme si, depuis vingt ou trente ans qu'ils naviguent, ils n'avoient fait d'autre service que le service militaire.

Nous ne sommes pas également riches en amiraux, et c'est sous ce rapport que les plaies de la marine seront plus tardives à se cicatriser. Il faut tant d'expérience, tant de talens, pour des fonctions si importantes; les hasards et les fatigues du métier de la mer moissonnent tant d'hommes, qu'on a judicieusement observé que, sur deux cents élèves, il n'y en avoit pas un qui parvint au grade d'amiral.

Les Anglais, à l'épreuve comme nous de cette vérité incontestable, ont trouvé le moyen d'en rendre insensible l'effet si préjudiciable au succès de leurs armes. Ils ont cent cinquante - deux amiraux , vice - amiraux ou contre - amiraux , et jamais cependant ils n'en emploient plus de trente - deux à la mer , sur soixante - dix ou quatre - vingt vaisseaux qu'ils tiennent armés depuis la guerre. Les autres commandent ou inspectent les ports, sont membres des Conseils de guerre ou de l'Amirauté , dirigent les hopitaux de la marine, etc.

La marine anglaise compte six cents capitaines de vaisseaux , et cependant il est infiniment rare qu'il y en ait deux cents embarqués , même dans les instans de leurs armemens les plus nombreux.

Il en est de même de tous les grades , dans ce corps communément composé de six mille officiers , dont il n'y en a jamais plus de quatre mille en activité.

Cette concurrence excite et alimente l'émulation , si nécessaire dans ce service surtout, et produit encore un grand bien , en donnant au Gouvernement le choix sur plusieurs sujets , chaque fois qu'il a besoin d'un chef ou d'un subalterne. Quel contraste frappant nous

offre à cet égard le système prétendu économique de la marine française, où il semble
qu'on ne veut avoir précisément que le nombre d'officiers strictement nécessaire, comme
si, dans un service qui exige tant d'années
d'études et d'expériences, il ne falloit pas au
moins un tiers en sus d'officiers, pour rem-
placer ceux que l'on perd journellement par
les combats, les naufrages, l'intempérie des
climats et les accidens bien plus fréquens
dans cette pénible carrière que dans toute
autre.

Les amis de l'Angleterre opposent aussi notre pénurie de matelots comme un obstacle à
toute opération navale.

L'abandon presque total qu'on a fait de la
marine, a sans doute porté un coup bien funeste à cette classe d'hommes précieux.

Mal payés, mal nourris, les meilleurs d'en-
tr'eux se sont embarqués sur les corsaires, pour
pourvoir à l'existence de leurs familles. La plupart ont été pris; la guerre de la Vendée en a
aussi beaucoup enlevé, et il est a remarquer
que la Convention, tout en faisant des loix,
pour recréer, disoit - on, les classes, et pour

empêcher la désertion, l'organisoit visiblement, la légitimoit même, en ne payant point ces malheureux, et en livrant au pillage, sous leurs yeux mêmes, les prises qu'ils avoient fait entrer dans nos ports, et dont la valeur a passé trois cents millions, sans qu'on leur en ait donné aucun à compte en argent ou en nature; voilà de ces horreurs qu'il faut avoir vu pour les croire possibles. La solde même ne leur étoit pas payée : eh bien! malgré d'aussi puissans motifs de découragement pour des hommes qui, habitués à se faire un jeu de leur existence, pensent tous les jours à celle de leurs enfans, on a vu comment ils se sont battus dans toutes les occasions où ils ont pu se montrer; ils sont encore le mêmes, ces êtres patiens et courageux, ils l'ont bien prouvé dans l'ardeur et le zèle avec lesquels fut équipée l'armée de l'année dernière. Quelle discipline, quelle modération n'ont-ils pas montrées dans les ports étrangers où ils se sont trouvés; ils sont aujourd'hui ce qu'ils étoient il y a un an, mais rien ne les désole comme l'inaction dans laquelle on les retient; l'ennui seul les porte à la désertion. Nourrissez-les bien, payez-les régulièrement, comme l'armée de terre, comme les troupes de terre embarqués avec eux ; malgré cette préférence, sans doute incroyable, ces matelots sont si bons, ils aiment si sincèrement la République, qu'on n'a pas vu un d'eux se plaindre de ne pas être payé d'une solde arriérée de plusieurs mois, tandis qu'ils voient le soldat de terre la toucher régulièrement tous les trois jours. Encouragés par l'exemple de leurs officiers, comme eux ils vivent de privations, attendant qu'enfin le Gouvernement jette les yeux sur cette portion de ses plus zélés défenseurs dont l'empire des circonstances les avoit détournés.

Et si, comme on leur fait espérer, le vainqueur de Maringo se montre un instant à cette armée navale, la marine va prendre une nouvelle existence. Qu'il y paroisse seulement ! Qu'ils voient une fois cet homme si extraordinaire de qui leurs officiers leur racontent tous les jours des choses plus extraordinaires encore ! Qu'en les passant en revue, il adresse à quelqu'un deux ces paroles de feu dont il sait si bien embraser le soldat de terre ! Qu'il leur dise que désormais leur solde sera régulièrement payée, ainsi que les prises qu'ils feront sur l'ennemi ! Que pendant leur absence,

leurs femmes, leurs enfans toucheront régulièrement les mois de famille; qu'enfin il leur
promette l'exécution des loix, mais qu'il les
assure aussi que ceux qui s'écarteront des bornes qu'elles prescrivent seront sévèrement pu-
nis; qu'il leur recommande surtout la subordination, comme la base de tous les succès que
la République attend de la marine

Non seulement cette revue du Consul donnera une nouvelle vie à toute l'armée navale,
mais elle y ramènera des milliers de matelots
que l'impossibilité de pourvoir à l'existence de
leur famille, en servant la République qui ne
les payoit pas, a forcé d'aller chercher ailleurs
les moyens de subvenir à ce premier besoin de
la nature. Les uns travaillent la terre, d'autres
vivent de la pêche, d'autres enfin se sont adon-
nés à des ouvrages absolument étrangers au
métier de la mer; mais, quelque pénible qu'il
soit, on sait avec quelle ardeur le matelot y re-
vient dès que l'existence de sa famille est as-
surée.

La mesure que vient de prendre le Gouvernement, en destinant des officiers pour inspec-
ter les classes, va, sous trois mois, lui faire re-

trouver vingt mille matelots, dont il y en a la moitié qui, de toute la guerre, n'ont point approché des vaisseaux de la République. Encore quelques pas de cette nature et la marine va renaître. Mais elle a besoin de loix et de loix fondamentales, et malheureusement, il n'y a pas un marin au Corps législatif, pas un au Tribunat. Le Conseil d'Etat n'en compte plus que trois, et il seroit bien à desirer, que dans un travail aussi long et aussi pénible que celui dont ils sont chargés, on leur eût adjoint d'anciens marins qui ayant connu les abus du service de l'ancienne marine aient senti, par leur propre expérience l'avantage qui résulte de leur suppression dans le service actuel.

Il seroit bien à desirer qu'ils s'occupassent de faire cesser, par une démarcation de pouvoirs bien prononcée, ces luttes scandaleuses entre les militaires et les administrateurs ; jamais il n'en exista de pareilles dans l'armée de terre ; pourquoi donc ne pas suivre pour ces deux parties intégrantes du Corps de la marine les exemples que suit l'armée de terre depuis des siècles ; pourquoi ne pas dire, une fois pour toutes, que les commissaires de marine, et en général tous les grades de l'administration de

la marine sont assimilés aux grades correspondans de l'administration de l'armée de terre ?
Dès-lors les rangs, les prérogatives se trou-
veroient fixés irrévocablement. Il seroit difficile de se former une idée du préjudice que
portent au service ces misérables rivalités ;
mais il est encore plus inconcevable qu'elles
existent entre deux Corps dont on ne peut pas
dire que les individus courent la même carrière, puisque les uns sont, par leurs fonctions
mêmes, constamment fixés à leurs bureaux,
tandis que les autres, à peine revenus de la mer,
y retournent chercher les nouveaux périls, les
nouvelles fatigues inséparables de ce cruel
métier.

La marine anglaise nous donne, sous ce rapport de service, un bien beau modèle à suivre : quel ordre, quelle économie il règne dans
le sien ! pourquoi ne pas monter le nôtre sur les
mêmes bases qui, depuis des siècles, font pros-
pérer la marine anglaise.

Des Français, de vrais Républicains de-
vroient-ils d'ailleurs s'arrêter à des prétentions
de rang : quel rapport de grade, hors les céré-
monies publiques, peut-il y avoir entre un

Corps purement militaire et un Corps essentiellement civil. Est-ce le moment de s'occuper d'aussi futile discussion, quand l'ennemi est journellement aux portes de nos ports. Ne songeons plutôt qu'aux moyens de l'en éloigner et de donner à l'Océan la paix et la tranquillité que va nous devoir le continent.

C'est contre ce féroce Gouvernement d'Angleterre que nous devons diriger tous nos coups s'il refuse d'entendre la voix de la raison, les cris de l'humanité, s'il ne s'empresse pas de restituer toutes ces dépouilles qu'il a si scandaleusement pillées contre tout droit des gens ; mais son ambition sa cupidité ne connoissent aucun frein. Voyez avec quelle impudence il vient d'enlever une frégate danoise et treize bâtimens marchands sous son escorte.

Le Danemark, en paix avec l'Angleterre, ne devoit pas sans doute s'attendre à une pareille atrocité, inouie, inconnue de toute autre nation ; mais l'Angleterre n'y regarde pas de si près ; les moyens lui sont égaux pour parvenir à ses fins, et, s'il entre dans ses projets d'avoir la guerre avec le Dannemark, nous apprendrons dans quelques mois, qu'à l'instant même où elle faisoit piller les bâtimens danois, en Europe, elle faisoit attaquer les possessions danoises en Amérique et en Asie.

Ce procédé ne peut étonner que ceux qui ne connoissent pas la perfidie et l'atrocité du Gouvernement anglais; c'est ainsi que nous l'avons toujours vu faire.

En 1756, ne nous a-t-il pas déclaré la guerre en s'emparant de tous les bâtimens de commerce paisiblement occupés de la pêche de la morue sur le Banc de Terre-Neuve?

La guerre de 1778 ne nous a-t-elle pas été annoncée par l'enlèvement, dans la Manche, de deux de nos frégates, la Pallas et la Licorne; déjà les ordres de commencer les hostilités n'étoient-ils pas partis pour les colonies orientales et occidentales?

Tant de crimes, tant d'atrocités doivent cependant avoir un terme. Il est tems de faire cesser cet affreux brigandage, tout à la fois la honte et la désolation de l'univers. On rougit d'être homme, quand on en voit qui, faisant abstraction de toute espèce de moralité, de toute pudeur, se livrent, sans la moindre réserve, à des

excès dont les siècles de la barbarie la plus ef-
frénée ne donnent pas un exemple.

Quelque féroce que soit le léopard, il ne rend
qu'imparfaitement l'idée qu'on doit se faire de
l'atrocité de l'Angleterre. Une panthère con-
viendroit mieux dans l'écusson de ses armes,
cet emblême fidèle de sa férocité devroit pré-
céder partout et ses bataillons et ses flottes, pour
annoncer à tous l'espèce d'ennemi qui s'avance.
Ce signal seroit pour tous les peuples celui qui,
dans les campagnes, prévient de l'approche de
quelque bête enragée qui porte partout l'hor-
reur et le carnage. Alors tout s'arme et se réu-
nit contre l'ennemi commun, et bientôt on n'a
plus rien à redouter de sa dent meurtrière. Voilà
la conduite que nous avons à tenir avec les Anglais, elle nous est tracée par les loix mêmes de
la nature. Ce sont ses droits que nous avons à
défendre contre un Gouvernement aussi lâche
que perfide. Toutes ses prouesses, toutes ses victoires sont celles que donnèrent toujours des
forces au moins quadruples. Jamais l'Angleterre put-elle se vanter, qu'à forces égales, elle a
eu sur des Français le plus léger avantage?
Dans combien de circonstances au contraire
lui avons-nous prouvé, qu'un Français vaut

quatre stipendiés de l'Angleterre? La corvette la Bayonnaise vient encore de lui en donner un témoignage incontestable. Y a-t-il rien de comparable à cet événement dans les fastes de la marine anglaise? Quelle gloire n'auroit-elle pas tirée d'un semblable prodige dont à peine nous avons fait mention. La tour de Londres, l'auroit célébrée, tous les canons de l'Angleterre l'auroient publié dans l'un et l'autre hémisphère, une médaille en auroit éternisé la mémoire; mais en France, à peine en a-t-on parlé; on n'y eut pas gardé ce même silence si, en pleine campagne et sans surprise, mille hommes de nos troupes, exténuées par les fatigues et les privations d'une route aussi longue que pénible, en avoient battus sept à huit mille bien portans, bien armés et les avoit fait prisonniers.

Cependant la différence qu'il peut y avoir dans ce parallèle est encore à l'avantage de la marine; l'artillerie seule de la frégate anglaise en est une preuve évidente; mais par une fatalité attachée jusqu'à présent aux destinées de la République, ceux qui ont successivement tenu en main les rênes de ce vaste Empire, n'ont pas toujours considéré la marine sous le point de vue que présente, non pas cette politique astucieuse qui n'est autre chose que des intrigues de Cour, mais cette politique sage et raisonnée dont les calculs reposent sur l'extension de notre commerce et sa prospérité.

La marine en France n'est point un accessoir de la force nationale mais bien une de ses parties intégrantes, tellement essentielle, tellement nécessaire, que sans elle, il faut le dire, tout le reste finit par n'être rien. Pour se convaincre de cette vérité, ne suffit il pas de jeter les yeux sur notre position topographique? N'avons-nous pas une étendue de côtes maritimes qui, avec des ports aussi vastes que sûrs, nous offre le commerce de l'univers? Nos possessions dans le nouvel hémisphère, dans toutes les parties du globe nous appellent à ce même avantage perdu pour nous depuis la guerre, parce que nos forces navales ont été négligées. Il en est résulté la perte de nos colonies, la prise de plusieurs de nos bâtimens; nos ports sont bloqués de manière à ce que rien ne peut y entrer ou en sortir sans le plus grand danger. Enfin notre commerce à Bordeaux, Dunkerque, Rouen, Nantes, Marseille, autrefois si florissant en tems de guerre, est dans une stagnation parfaite.

Ces sources fécondes de prospérité étant absolument taries, les canaux multipliés qui la pro-
pageoient dans l'intérieur de la France se sont
successivement desséchés, nos manufactures
languissent, la plupart même sont ferméeset,
de quelque côtéque l'on porte la vue, tout con-
court à prouver combien nous est funeste l'erreur de nos anciens gouvernans qui ont osé dire
que nous n'avions besoin d'autre marine que
des pontons du Rhin, et que si nous ne faisions
pas venir de sucre de l'Amérique, Orléans
nous en fourniroit toujours assez pour les besoins de la France.

Des raisonnemens aussi étrangers, aussi peu
vraisemblables, ont nécessairement dû con-
duire la marine française au bord du précipice
où les calculs aussi justes qu'atroces du Gouvernement anglais, sont encore au moment de
la faire tomber.

On s'occupe, dit-on, de réparer tant de
maux, d'en arrêter le cours. On sent la nécessité de remettre la marine dans une attitude
imposante; il le faut même pour accélerer l'é-
poque de la paix générale, pour en poser les
bases sur des fondemens solides et inébran-
lables

lables. Le premier Consul le veut et jamais il
ne voulut rien que sa volonté ne fut aussitôt et
ponctuellement exécutée.

Ah! sans doute les obstacles s'applanissent
devant lui. Il le prouve tous les jours à l'Europe
étonnée de ses prodiges. Les saisons, les distances, les dangers ne sont rien pour lui, et s'il
pouvoit se montrer aussi sur l'Ocean, la vic-
toire, sa compagne fidelle, l'y suivroit sans doute
dans l'un et l'autre hémisphère ; mais c'est fati-
guer le ciel de desirs et de vœux inutiles, et il
n'en faut former que pour le choix des conseils
et des lieutenans dont cet homme si extraordinaire va faire choix pour le seconder dans une
opération à laquelle tiennent si essentiellement
les destinées de la République.

Il est nouveau ce langage, il surprendra
peut-être à Paris où l'on ne connoît d'ennemis
que l'Empire et l'Empereur ; mais je le répète,
pour désiller les yeux de ceux que cette erreur
pourroit tromper encore plus longtems.

Bonaparte veut, dit-on, retirer enfin la marine de l'inaction où, par un calcul aussi faux
qu'avantageux à l'ennemi, on retient, depuis

D

si longtems, cette arme si nécessaire pour con-
solider la République et pour nous donner la
paix. Mais avant de faire agir ce corps, affoibli
sans doute par l'abandon presque total où on
l'a laissé, il faut réparer envers lui les torts de
plusieurs années, et c'est sur ce choix de moyens
que doit se fixer toute l'attention du premier
Consul, pour écarter au moins les avis que ne
manqueront pas de lui faire proposer les amis
secrets que l'Angleterre entretient à grand frais
à Paris, pour y servir ses intérêts.

Déjà il se répand des bruits qui, en se pro-
pageant dans les ports, vont y porter l'alarme
et le découragement. On ne parle que de réforme en masse, de diminution d'appointemens,
de permission de naviguer pour le commerce.
On publie déjà des listes d'activité et de réforme.

Il est sans doute dans la marine, comme
dans tous les corps qui exigent beaucoup de
connoissances, il est dis-je, des êtres qui sont
eux-mêmes étonnés de s'y voir, depuis que le
Vandalisme et l'anarchie qui les y avoient pla-
cés, ont disparu devant le génie et le courage.
Mais ne suffit-il pas d'élaguer ces branches

parasites ? il n'en restera que plus de séve à celles dont l'ombrage ou le fruit doit produire les effets salutaires qu'on a droit d'en attendre.

Les officiers de la marine habitués à des privations sans nombre devenues pour eux des jouissances, parce qu'elles étoient utiles à la République, ne se plaindront jamais de la diminution de leurs appointemens, quand ils verront que les autres armes l'éprouvent également dans les grades correspondans ; mais si cette mesure n'étoit pas générale, la marine, ne pouvant alors l'interpréter que commé une preuve incontestable du peu de cas que le Gouvernement feroit de ses services, un découragement total succéderoit au murmure, et la conclusion qu'on en peut tirer n'est pas équivoque.

On laissera, dit-on, libres de naviguer, ceux qui ne seront point en activité de service.

Voilà bien le plus perfide comme le plus absurde de tous les conseils qu'on pourroit donner au Gouvernement, et la marine est évidemment perdue sans ressource si, au lieu de cet esprit militaire que la nature de ce service exige impérieusement qu'on entretienne avec le plus grand soin, on y fait naître cet esprit mercantile, la ruine inévitable d'un Corps dont tous les mouvemens ne sont et ne peuvent être qu'essentiellement militaires.

Je le demande aux partisans de ce principe destructeur; quelle est en Europe la marine où ils ont puisé cet exemple? Il y en a, je le sais, qui ont voulu en faire l'essai; mais les abus et les vices, je dois même dire les conséquences funestes qui en ont résulté, ont bientôt fait abandonner un projet dont l'économie n'existoit que dans l'idée de ceux qui le produisoient.

Il n'y a pas d'état qui exige plus de désintéressement que celui d'un officier de la marine. Il faut, qu'à chaque instant, il soit résigné au sacrifice de ses biens, comme à celui de son existence. S'il tient à l'argent, il fera naître l'occasion d'en gagner, si elle ne se présente pas dans les missions qui lui seront confiées. Toutes ses idées, toutes ses spéculations ne se tourneront que vers ce but, et pour l'atteindre plus sûrement, il fera des mouillages et des appareillages qu'il trouvera toujours moyen de légitimer, au détriment des intérêts de la République.

Je le demande aussi à ces amateurs de nouveautés, de quelle considération veulent-ils que
jouisse un capitaine de vaisseau, quand, à son
retour au service de l'Etat, il aura sous ses ordres des officiers des bâtimens du commerce,
dont il étoit il y a peu de jours l'égal et le cama-
rade, peut-être même le subordonné ?

De quels yeux les matelots verroient-ils cette
ridicule métamorphose ? Quelque nécessaire
que soit une extrême subordination dans le
service de la mer, je le demande, est-ce là un
moyen de la faire naître ou de la maintenir ?

A l'instant où la guerre se déclarera, où ira-
t-on chercher cinq ou six cents officiers qui,
prêtés au commerce par la marine de l'Etat,
seront ou au Bengale ou en Chine, aux Côtes
de Malabar ou de Coromandel, en Afrique
ou en Amérique. Ils sont cependant strictement nécessaire à l'armement de votre première flotte qui, ne les ayant pas, va perdre
un des plus grands avantages de la guerre maritime, celui de se montrer les premiers en force
sur l'Océan. Vainement attendroit-on le retour
de ces officiers dont les deux tiers au moins
seront surpris par les divisions ennemies ?

Remplacerez-vous ces officiers par les premiers sujets venus que vous fourniront les places de commerce ? L'expérience qu'on a fait de cette mesure ne permet pas qu'on en fasse une seconde fois usage.

Voilà donc votre armée navale qui, par une suite de cette permission de naviguer pour le commerce, se trouve dans la cruelle alternative ou de ne pouvoir former ses états-majors, ou de ne les composer que de sujets absolument étrangers à ce service. Je le demande encore aux créateurs de cette idée : pour que les hommes mettent dans une science quelconque le zèle et l'ardeur qu'il exige, n'est-il pas vrai de dire qu'il ne faut jamais placer ces hommes entre leur intérêt et celui de l'État.

Si cependant les besoins du service rappellent sur les bâtimens de guerre un capitaine qui au moment de partir pour le Bengale ou la Chine, jouit d'avance de vingt mille francs au moins que doit lui valoir ce voyage, croyez-vous que cet officier fera volontiers ce sacrifice ? croyez-vous qu'il servira avec bien du zèle.

Si, dans les colonies, par une suite de combats ou de maladies, un amiral se trouve forcé de prendre, sur les bâtimens de commerce, les officiers de marine de l'état, qui y seront par congés, parce que leurs services n'étoient pas nécessaires avant cette époque, peut-on croire que ces officiers abandonneront de grand cœur leur pacotille? ne compromet-on même pas leur fortune, celle de leurs enfans, en les empêchant de faire fructifier l'argent qu'ils ont emprunté à grand intérêt pour faire ce voyage? Cependant tout ce qui est officier de la marine militaire doit se trouver prêt à marcher, et doit marcher sans réplique toutes les fois que le service le commande. Dans le cas contraire, la République ne doit pas compter sur cet officier; il ne doit pas faire nombre parmi ses défenseurs.

Et si on parloit de l'instruction, peut-elle être la même chez un homme dont toutes les idées sont à la perfection de son art, dont tous les momens sont partagés entre l'astronomie et la tactique, la mécanique et les calculs qui lui donnent tous les jours de nouveaux moyens pour maîtriser le ciel, le feu, la terre et l'eau.

L'instruction, dis-je, peut-elle être la même

chez celui que je viens de dépeindre, et chez l'homme qui, dans un voyage de quinze mois pour le commerce, en emploiera trois au plus à aller et revenir, et passera les douze autres à Saint Domingue, dans un magasin, à surveiller la vente de sa cargaison ou de sa pacotille, à s'informer à la bourse du prix du café, du sucre, etc., afin de profiter du moment de la baisse pour completter ou sa cargaison ou sa pacotille.

La conduite de ces deux hommes est cependant également louable; chacun deux remplit également bien son devoir; mais ce que chacun d'eux fait, est-il également utile à la République? méritent-ils tous deux une même récompense? Si vous donnez de l'avancement à l'un, qui a sacrifié ses veilles et ses intérêts à la République, est-il juste que l'autre, qui n'a travaillé que pour lui, marche du même pas.

Cependant, si vous avancez le premier sans le second, ce dernier criera à l'injustice, et voilà entre ces deux hommes une animosité une jalousie qui finira par être préjudiciable au service.

Si vous les avancez tous les deux, on criera encore et avec raison à l'injustice, vous détruirez toute émulation, en récompensant également celui qui n'a travaillé que pour ses intérêts, et celui qui a tout sacrifié à la République.

Comment donc faire? L'alternative n'est pas douteuse : il faut laisser chacun faire son métier, et certes, quelque différence qu'il y ait entre les connoissances qu'exige le métier de la mer et celui de l'armée de terre, on trouveroit sans doute fort extraordinaire qu'un chef de brigade, par exemple, qui, à la paix, auroit repris son commerce, voudroit quelques années ensuite, reparoître dans la ligne au même rang que ceux qui n'en seroient jamais sortis.

Que de choses il y auroit encore à dire sur un objet aussi majeur ! que de faits à citer au Gouvernement, s'il étoit possible qu'on lui conseillât jamais une mesure aussi désastreuse, subversive de tout ordre, de toute économie, de toute discipline, de toute émulation.

Mais loin de croire à ces bruits vagues et controuvés, arrêtons-nous plutôt à des idées qui peuvent ramener dans ce service l'harmonie et

la tenue que l'anarchie en avoit éloignées.
Pourquoi parler de réforme quand on a besoin
d'officiers ? Le nombre actuel ne suffira certai-
nement pas quand les constructions ordonnées
et commencées vont être achevées. Veut-on ne
faire d'officiers qu'à mesure qu'on construira
des vaisseaux ? J'avoue qu'il seroit nouveau ce
moyen économique. Peut-être cependant est-il
des hommes assez impudens pour le proposer
sérieusement.

Quoi qu'il en soit du parti que le Gouvernement va prendre, Je pense moi, et il m'est
bien permis de le dire comme vieux marin,
n'ayant plus d'autre ambition que celle du succès de la marine, je pense, dis-je, que ce n'est
pas le moment de faire de grands changemens
dans la marine.

Si cependant on les croit nécessaires, je vou-
drois qu'une commission d'anciens officiers,
choisis dans les ports par leurs camarades, fut
chargée de prendre dans les loix anciennes et
modernes de notre marine et de toutes les marines de l'Europe, tout ce qu'ils croiroient sus-
ceptibles de composer un code militaire pour
la marine de la République française.

(59)

Dans deux mois cet ouvrage seroit présenté
à la sanction de premier Consul, et on ne tar-
deroit pas à en ressentir les effets salutaires.
La marine angloise y fourniroit des matériaux
bien précieux; je dois cette justice à la vérité, et
certes, on ne me taxera pas d'Anglomanie,
quand on aura lu ce mémoire où mon aversion
pour le Gouvernement anglais est, je le crois,
asssez évidemment démontrée. Mais tout en
exécrant le machiavélisme de sa politique, je
m'arrête avec plaisir sur ce que les loix de sa
marine présentent d'avantageux. J'en admire
les résultats et fais des vœux pour que nous
prenions, dans de si beaux modèles, ce que
notre constitution nous permet d'en adopter.

F I N.

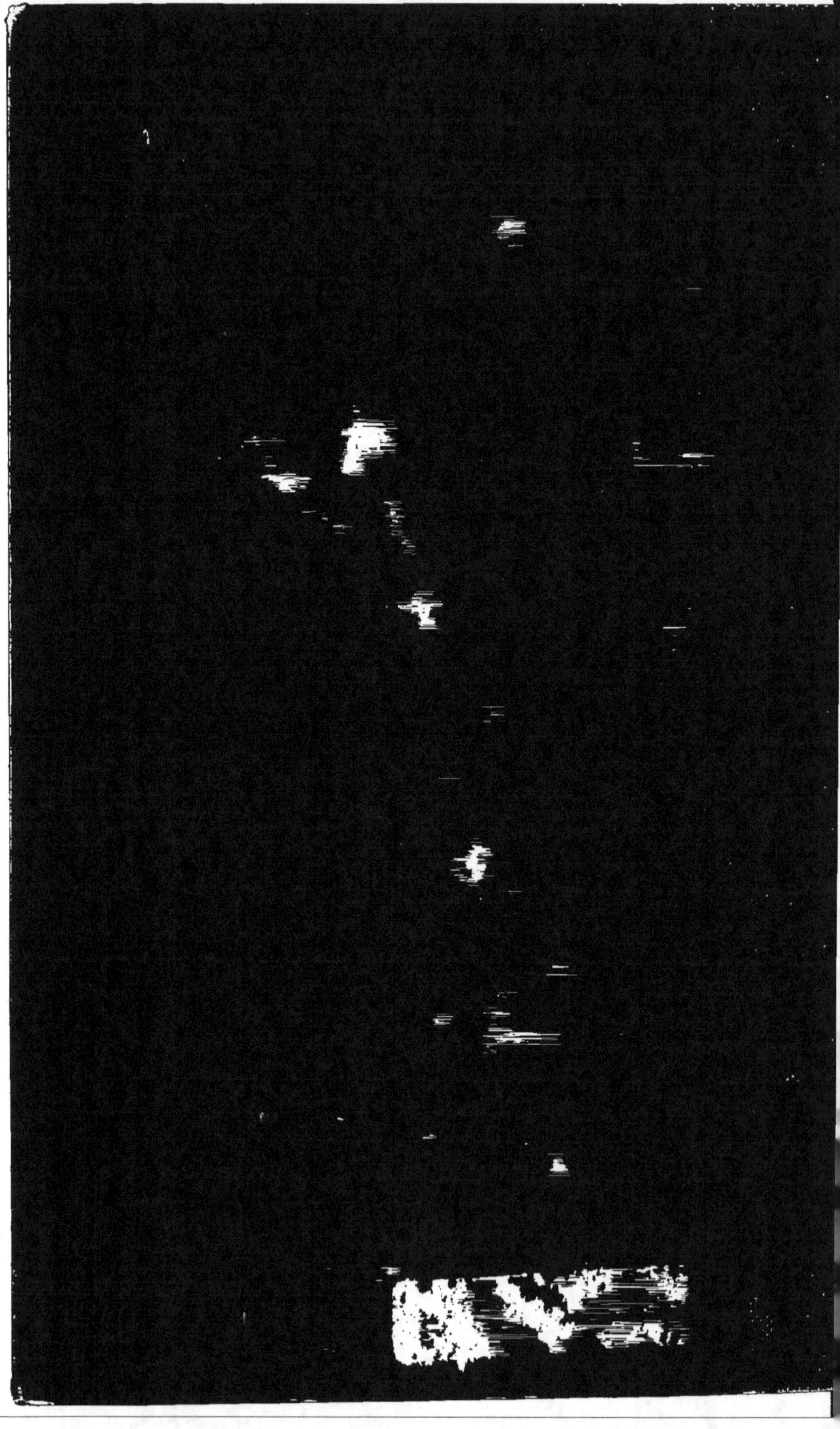

www.ingramcontent.com/pod-product-compliance
Lightning Source LLC
LaVergne TN
LVHW050103060726
842524LV00003B/908